AF332357

DES CAUSES

QUI ONT AMENÉ

LA CHUTE DU TRONE

DES BOURBONS.

Par N. E. N.
ANCIEN MEMBRE DU CORPS LÉGISLATIF.

PARIS,

CHEZ LES MARCHANDS DE NOUVEAUTÉS.

1815.

DES CAUSES

QUI ONT AMENÉ

LA CHUTE DU TRONE

DES BOURBONS.

Les maux que causent les partis sont incalculables ; ils brisent les liens de la société et portent les citoyens à se haïr les uns les autres. Un pays, a dit un moraliste, ne saurait être frappé d'un fléau plus terrible que cet esprit de division qui sépare un peuple en deux corps, plus opposés l'un à l'autre que s'ils formaient deux nations différentes.

En effet, il n'est rien de plus pernicieux que les effets de ces divisions ; elles versent un torrent de maux dans le cœur des particuliers, et quand cet esprit de parti déploie toute sa fureur, il détruit jusqu'au sens commun : de là les guerres civiles.

J'ai vu dans ces derniers temps des hommes, très-estimables d'ailleurs, se jeter dans un parti

avec une telle fureur, que leurs amis, leurs frè-
res même qui ne partageaient pas leur manière
de voir, étaient traités par eux avec la dernière dureté. Un homme sensé, et qui a la
connaissance du cœur humain, met plus de
modération dans les raisons qu'il emploie pour
soutenir sa manière de voir; son opinion ne
l'égare pas au point de lui faire oublier les
égards que les hommes se doivent dans la société, et il est d'autant plus persuasif que, ne
s'emportant jamais, il énonce ses raisons avec
plus de clarté, de méthode et de précision.

Un autre motif de la modération d'un homme
sensé, c'est que son admiration n'est pas *exclu-
sive*, en ce que, tout en embrassant le parti
qui lui a paru le meilleur, il ne s'en est pas
déguisé les défauts. Ces défauts se représen-
tent sans cesse à sa pensée et viennent modé-
rer son enthousiasme.

C'est surtout dans les événemens tels que
celui qui vient de se passer sous nos yeux, dans
les révolutions qui changent la face des em-
pires, que ces divisions sont plus à craindre.
Si le choc avait duré plus long-temps, nous
aurions vu Paris se changer en deux armées;
les citoyens avaient oublié tout intérêt person-
nel, le cours des affaires était suspendu; les

places publiques, les promenades étaient autant d'*arénes* de discussion.

Aujourd'hui la discussion est fermée, l'affaire est jugée, et il est de l'intérêt de chacun de se réunir pour le bien général. Il est inutile, il serait même nuisible d'examiner lequel des deux partis était le plus raisonnable, *victrix causa Diis placuit*...Mais comme l'un de ces deux partis, celui qui a succombé, doit nécessairement disparaître, il peut devenir utile de faire connaître à ceux qui l'ont embrassé les causes de sa chute, et les erreurs dans lesquelles le chef de ce parti était tombé ou avait été entraîné, afin de faire disparaître, ou du moins d'atténuer leur attachement à ce parti.

CAUSES DU RENVERSEMENT DES BOURBONS.

Les puissances alliées, le lendemain de leur entrée dans la capitale, firent une proclamation au peuple français, par laquelle elles annoncèrent que leur intention était de ne point comprimer *le vœu de la nation* sur le choix de son gouvernement.

Le vœu de la nation se manifesta en faveur de *Louis-Stanislas-Xavier*, frère de Louis XVI.

En conséquence le sénat *l'appela librement* au trône, et déclara qu'il *serait* reconnu *Roi des Français*, après avoir accepté une constitution dont les bases furent posées sur-le-champ.

Le sénat avait suivi l'opinion générale de la France, ou du moins celle des Français qui ne voulaient pas être *serfs*.

Louis arrive à Saint-Ouen ; une députation du sénat présente à son acception la constitution qui avait été dressée, et lui déclare qu'après son acception il *sera* reconnu *Roi des Français*. *Louis* n'accepte point la constitution ; il fait une déclaration dans laquelle il s'intitule *Roi de France et de Navarre*, *par la grâce de Dieu*, et qu'il date de la *dix-neuvième* année de son règne. C'était dire que le peuple français était sa propriété en vertu du droit divin (1).

Ainsi le vœu du peuple français n'est compté

---

(1) Nous croyons qu'il n'est pas permis de se demander si le chef librement élu d'une nouvelle dynastie peut être considéré comme légitime. Des esclaves seuls peuvent élever cette question ; et si la raison ne suffisait pas pour les convaincre, on pourrait leur citer le prince d'Orange qui a succédé à Jacques II, et Gustave Wasa , simple gentilhomme , élu roi de Suède à l'exclusion de Chrétien II.

pour rien. *Louis* refuse de souscrire le contrat que son peuple lui proposait; enfin, pour me servir de l'expression d'un homme bien connu qui, comme moi, se trouvait à Saint-Ouen, *il refuse de se marier avec la nation.*

Ce refus indisposa les esprits. J'ai vu même ceux qui avaient été les premiers à appeler *Louis*, craindre les abus du pouvoir absolu qu'avaient jadis les rois de France; ils croyaient voir arriver les prérogatives de la noblesse, la dîme, la torture, les lettres de cachet et tous les abus qui avaient été les causes premières de la révolution.

Cependant *Louis* annonça que son intention était d'adopter le régime représentatif; en conséquence il promit de présenter une constitution au peuple français.

Les craintes des Français pénétrèrent jusqu'aux pieds du trône. Alors *Louis* sentit la nécessité de tranquilliser le peuple français; et dans cette vue, mais toujours dans le système de sa royauté consacrée par dix-neuf années de règne, il rapprocha le jour qu'il avait indiqué pour donner une constitution à son peuple.

Le jour fixé arrive; la séance a lieu au corps

législatif; *Louis* s'y rend et lit une charte constitutionnelle. Mais cette charte émane de lui seul, aucune discussion ne l'a précédée; c'est une déclaration *qu'il veut bien faire*.

Grande agitation, mécontentement général..... Mais enfin la charte constitutionnelle était rédigée dans des vues sages. Les esprits modérés virent dans sa stricte observation la sûreté publique assurée, ils s'y rangèrent et parurent oublier le refus de Saint-Ouen.

Avant l'arrivée en France de *Louis*, le comte d'Artois avait fait une proclamation par laquelle il promettait *l'abolition des droits réunis*.

Le 12 mars, lors de son entrée à Bordeaux, le duc d'Angoulême avait aussi proclamé *l'abolition des droits réunis*.

La France soupirait après le renversement de cet impôt : qu'arrive-t-il? les droits réunis sont maintenus. Des mouvemens insurrectionnels éclatent dans plusieurs parties de la France, et notamment à Bordeaux; le duc d'Angoulême s'y rend et rétablit le calme..... Mais les droits réunis ne furent point supprimés.

Cet oubli des promesses des princes, sur un objet qui intéressait tous les Français, indisposa la moitié de la France.

(9)

D'autres inconséquences se commettaient à Paris. Les droits du peuple français étaient entre les mains des députés des départemens ; mais les ministres se sont presque toujours permis de statuer d'avance sur les questions qui devaient être présentées aux députés, en sorte que la chambre ne faisait que consacrer des usurpations de pouvoir et métamorphoser en lois des ordonnances déjà en vigueur. Trois exemples vont justifier cette assertion.

I. *Loi relative aux jours fériés.*

Le directeur général de la police rendit une ordonnance sur l'observation des jours fériés. On se rappelle le mauvais effet que produisit cette mesure impolitique sur toutes les classes de citoyens, mais particulièrement sur la plus nombreuse, qu'elle frappait directement. Mille voix s'élevèrent ; on n'hésita pas à qualifier d'abus d'autorité les dispositions de cette ordonnance qui portaient condamnation à des peines au-dessus de la compétence de M. le directeur général. Enfin la question fut portée à la chambre des députés ; on discute une loi à ce sujet : elle passe.

Dans le même temps les processions furent

rétablies dans les rues de Paris ; on voulut même commander la garde nationale pour former l'escorte des bedeaux, des agneaux, etc. Je crois que l'on peut dire sans hésiter que les prêtres, loin de donner du lustre à la religion par ces démonstrations extérieures, et par la *bouffissure* qu'ils mettaient dans leurs *représentations*, ont éloigné de l'Eglise de fort honnêtes gens, bien pénétrés de la sagesse des dogmes de la religion de J.-C., mais qui pensent que c'est aux pieds des autels que nous devons adorer librement le Dieu de nos pères et que les prêtres doivent exercer leur pieux ministère. D'autres croyaient déjà voir revenir les dîmes, et frémissaient en se représentant les fureurs du sacerdoce dirigé par l'esprit de domination, d'exclusion et de cruauté qui, trop souvent, l'a caractérisé dans ses querelles.

II. *Liberté de la presse.*

La charte constitutionnelle avait mis en principe la liberté de la presse. Les Français ont joui de cette précieuse faveur de dire hautement et librement leur opinion depuis le 31 mars jusqu'au 10 juin ; mais à ce dernier jour parut une ordonnance qui rétablit *la censure.* C'était une violation manifeste de l'article 18 de la charte. Il s'est trouvé dans la chambre des pairs, et surtout dans celle des députés, de nombreux défenseurs de l'article violé; des écrivains distingués ont fait entendre leurs voix; mais M. l'abbé de Montesquiou, ministre de l'intérieur, a torturé les termes de la charte, a changé le sens d'un mot porté dans le Dictionnaire de l'académie, et a obtenu une loi qui a soumis à la censure tout ouvrage au-dessous de vingt feuilles d'impression; ce qui, dans le format de l'*in-8°*, forme un volume de 320 pages.

III. *Droits réunis.*

Les droits réunis avaient été maintenus par plusieurs ordonnances, et ce n'est que long-temps après que l'on a discuté, ou pour mieux dire *disserté*, à la chambre des députés sur une loi relative aux boissons, qui a été rendue au mois d'octobre dernier.

Ces ordonnances, ces lois avaient indisposé la plus grande partie de la France. La loi sur les fêtes et dimanches portait un préjudice notoire aux marchands de toute espèce ; la loi sur la liberté de la presse avait de tous les

hommes de lettres fait une armée de mécon-
tens; enfin le maintien des droits réunis frappait toutes les classes.

Examinons maintenant la cause des propriétaires de biens nationaux.

On a observé dans le temps qu'il avait été
créé, on ne sait pourquoi, dans le sein même
de la chambre des députés, une commission
pour examiner les demandes en restitution de
biens nationaux invendus, avant de présenter
aucun projet de loi sur ces biens, avant de sa-
voir, par conséquent, si la puissance législative
en disposerait en faveur des anciens propriétaires.

La charte constitutionnelle déclarait les
ventes de biens nationaux inviolables. Quelque
temps après il fut présenté à la chambre des
députés un projet de loi relatif à la remise des
biens nationaux invendus. Une commission
centrale fut chargée de l'examen de ce projet,
et crut devoir y ajouter plusieurs dispositions,
l'une desquelles décidait que, dans aucun
temps et sous aucun prétexte, il ne pourrait
y avoir lieu à aucune indemnité en faveur des
anciens propriétaires de biens vendus, ni leur
être fait d'autres remises que celles ordonnées
par la loi dont il s'agissait.

Cet article éprouva, on ne sait par quels motifs, de fortes contradictions, et fut rejeté *comme pouvant nuire à la cause des émigrés.* Il est cependant de toute évidence qu'il ne pouvait pas enchaîner la puissance législative, et empêcher qu'on ne prît, lorsque les circonstances auraient été plus favorables, de nouveaux moyens pour adoucir le sort des émigrés. Il ne leur enlevait que des espérances illégitimes, et il assurait la tranquillité publique. Ainsi la chambre des députés, en le rejetant, non seulement détruisit le bon effet qu'il aurait produit sur l'esprit public, mais encore alarma les propriétaires de domaines nationaux, par l'espèce de restriction que sa suppression du projet de loi apportait au principe déjà posé par la charte; et tout le monde conviendra qu'il eût beaucoup mieux valu que cet article n'eût pas été ajouté au projet, que de l'en voir retrancher.

Les émigrés partirent de là pour élever des prétentions ridicules. J'en ai vu plusieurs assurer hautement que la charte n'était que *pour la forme,* et parler des terres qui avaient appartenu à leurs ancêtres, et qui avaient été revendues trois et quatre fois, comme de leur propriété actuelle. Enfin, on aura peine à le croire, me trouvant un jour dans le cabinet d'un notaire, j'en ai vu un qui demandait à emprunter une somme assez forte; et sur l'observation que lui fit le notaire, qu'il ne prêtait que sur hypothèque, l'emprunteur eut la *bonhomie* de lui offrir un bien de cette nature.

D'un autre côté, on eût dit que des écrivains, connus cependant par leur bon sens, se plaisaient, dans des écrits particuliers et dans certains journaux, à *attiser* l'incendie que les émigrés et les nobles paraissaient vouloir allumer, et l'on avait peine à concevoir comment la censure pouvait laisser publier et ces écrits et ces journaux. Un propriétaire actuel faisait-il un arrangement avec son prédécesseur, aussitôt les journaux se hâtaient de l'annoncer, et toujours avec quelque réflexion désagréable (1).

On voit que la charte constitutionnelle a

____

(1) Le *Journal Royal* du 5 février contenait un article ainsi conçu : « M. de Vouillé, *ancien* cheva-
» lier de S.-Louis, a *rendu* dernièrement à leurs
» premiers propriétaires, des biens nationaux *dont il*
» *avait hérité*, et cela avant de reprendre sa décora-
» tion, *qui ne peut s'allier avec la possession du champ*
» *de Nabod.* »

été attaquée tant par les ministres et par les chambres que par les écrits que la censure laissait publier; mais ce qu'il y a de bien plus fort, c'est que les anciens nobles ont voulu la saper dans sa base, en prétendant que le roi n'avait pas eu le droit de la donner ; qu'elle contenait une infraction à des droits que leur naissance et dix siècles (*d'ignorance*) avaient consacrés; en conséquence ils se sont joints aux princes du sang, aux membres de l'ancien parlement, et à M. le ministre Ferrand, et ont signé une protestation contre cette même charte. Ce monument de folie est rapporté dans le *Morning-Chronicle* du 29 octobre 1814.

CAUSES DU MÉCONTENTEMENT DES MILITAIRES.

Louis-Stanislas-Xaxier, par diverses proclamations aux Français, et notamment par celle qui a été insérée dans les journaux de Paris le 2 avril, avait garanti à l'armée la conservation des grades, emplois, solde et appointemens dont elle jouissait. Par d'autres proclamations il avait promis de prendre les officiers dans les rangs, regardant comme injustes les anciens usages qui reléguaient un homme de mérite, mais roturier, dans le grade de sous-lieutenant.

Ces promesses, il n'en faut point douter, étaient entrées pour beaucoup dans les causes de l'enthousiasme qui éclata à Paris lors de l'entrée de *Louis*. Il n'y a pas de famille qui ne tienne à un militaire, et qui ne soit flattée des succès qui ont élevé les armées françaises au rang où elles sont placées, même par les nations étrangères. Aussi est-ce avec la plus grande peine que Paris et les provinces ont vu de braves militaires, couverts de blessures et de lauriers, renvoyés en congé dans leurs familles, et réduits à la demi-solde. Cependant cela n'eût rien été; le soldat français ne connaît que l'honneur, et, il l'a prouvé, l'intérêt n'a jamais été son guide; mais on a voulu attaquer cet honneur, et le militaire français a été blessé en ce qu'il a de plus sensible. Non seulement cette garde impériale qui, tant de fois, s'était couverte de gloire, qui avait toujours montré la fidélité la plus pure et le plus beau désintéressement, s'est vue remplacer dans l'honneur de garder la personne du souverain par des hommes qui n'avaient jamais paru dans les rangs des armées françaises; mais encore, les troupes de ligne ont vu arriver à leur tête des officiers qui, malgré la promesse de *Louis*, n'étaient point sortis de leurs rangs et savaient à peine commander.

Cette première infraction aux promesses du prince a été suivie d'une autre encore plus sensible. On savait combien les militaires tenaient à l'institution de la Légion d'honneur; et cependant ces flatteurs officieux, qui entourent les souverains, pressaient le roi de la supprimer. Le roi voulait donner à la croix de S.-Louis son ancien éclat; mais cela ne pouvait pas se concilier avec la faveur dont jouissait la Légion d'honneur; les militaires auraient toujours préféré cette dernière décoration, parce que, d'après leurs expressions, elle ne se gagne pas, comme la croix de S.-Louis, en *dormant* vingt-cinq ans dans un corps-de-garde. Alors on eut l'idée de faire de la Légion d'honneur une distinction *purement civile;* cette idée fut même mise au jour dans les papiers publics, et excita les réclamations de plusieurs légionnaires. Qu'arriva-t-il ? On rassura les légionnaires, on déclara que leur décoration se donnerait, comme le portait son institution, tant au mérite civil qu'au mérite militaire; mais cette explication

sentait un peu la manière d'Escobar; et l'on
ne craint pas de se tromper en assurant que
l'intention de la cour avait été d'anéantir la
décoration de la Légion d'honneur, en la ver-
sant à pleines mains dans toutes les classes de
la société : car, à qui ne l'a-t-on pas donnée?

Ces injustices, disons le mot propre, ont
aigri l'esprit du militaire ; ses sermens étaient
au roi ; mais son cœur n'a jamais cessé d'être
à celui qui l'avait élevé, qui l'avait conduit de
victoire en victoire.

Ainsi les intentions paternelles de *Louis* ont
toujours été comprimées; ses ministres l'ont
continuellement trompé. Il voulait être roi
de France, ils l'ont fait roi de leurs deux
partis, des nobles et des prêtres. Le tiers-état
n'a été compté pour rien; en tout et sur tout
ils lui ont toujours caché la vérité. Ils l'assuraient de l'amour et du dévouement du militaire, quand le militaire était abreuvé d'amer-
tume et accablé d'injustices ; ils l'assuraient
du bonheur de ses peuples, quand les craintes
inspirées aux possesseurs de biens nationaux,
les impôts vexatoires, la censure, l'arrogance
des prêtres, les mesures relatives aux jours
fériés mécontentaient la grande majorité de
la France.

Telles sont les causes du renversement du trône des Bourbons. Ils ont cru et leurs flatteurs ont voulu leur faire entendre que *les nations étaient faites pour les rois*, et non pas *les rois pour les nations;* ils voulaient nous reporter à l'état d'esclavage où nous étions en 1789 ; mais l'esprit humain ne peut pas faire de mouvemens rétrogrades. Un grand peuple qui a le sentiment de sa force ne reprend pas volontairement des fers qu'il a brisés avec tant de peine. Les Français sont pénétrés de mépris pour les prétentions aristocratiques ; la noblesse ancienne n'était point aimée, il est probable que désormais elle sera détestée.

La famille des Bourbons faisait naître d'autres réflexions sérieuses. Tout le monde s'accordait à reconnaître dans la personne du roi un homme sage, vertueux, et de qui les Français pouvaient tout attendre ; mais son âge avancé et ses infirmités étaient un motif d'alarmes, en ce que l'on ne voyait personne, dans sa famille, capable après lui de saisir les rênes du gouvernement. La France, sur cet article, n'a qu'une voix.

P. S. JE vois avec peine des articles dans quelques journaux et des écrits où l'on vomit de grossières injures sur les actions de Louis XVIII, et même des personnalités dégoûtantes sur sa constitution physique..... Cela fait pitié..... En écrivant on doit avoir pour but de ramener au devoir ceux qui s'égarent ; par de bonnes raisons on les ramènera, par des injures on les aigrira davantage. Que l'on élève la voix sur l'ineptie des princes de sa maison, d'accord ; que l'on dise qu'il n'a pas su régner, on a raison. Mais on doit convenir qu'il a été constamment noble et bon ; d'ailleurs sa carrière politique est à jamais finie ; il est mieux de ne pas insulter à ses malheurs. Si ceux qui se répandent ainsi en injures pensent que ce soit un moyen de se mettre en crédit, ils se trompent. L'Empereur Napoléon est trop grand, il imprime un trop grand caractère à tout ce qui l'entoure, pour que de pareils moyens ne soient pas, au contraire, un motif de défaveur. On ne m'accusera pas en ceci de partialité ; je puis prouver que je me suis élevé, il y a huit mois, contre des excès aussi condamnables.

DE L'IMPRIMERIE DE MADAME VEUVE JEUNEHOMME,
ruc Hautefeuille, n° 20.

www.ingramcontent.com/pod-product-compliance
Lightning Source LLC
LaVergne TN
LVHW020515060726
842525LV00005B/1980